ASTARBÉ,
TRAGEDIE,

Par M. COLARDEAU.

Représentée pour la premiere fois par les Comédiens François Ordinaires du Roi le 27 Février 1758.

Le prix est de 30 sols.

A PARIS,
Chez la Veuve BORDELET, rue S. Jacques, vis-à-vis le Collége des Jésuites.

M. DCC. LVIII.
Avec Approbation & Privilége du Roi.

A
SON ALTESSE
SÉRÉNISSIME
MONSEIGNEUR LE DUC
D'ORLEANS,
PREMIER PRINCE DU SANG.

RINCE, pour qui l'éclat d'une illustre naissance

N'est pas le seul garant de l'amour de la France,

Mais qui né près du Thrône & du Sang des BOURBONS,

a

Doit tout à tes vertus & rien aux plus grands noms,

Permets qu'un Citoyen du monde Littéraire,
S'élevant jusqu'à toi dans son vol téméraire,
Dût-il être ébloui, t'admirant de trop près,
Vienne mettre à tes pieds ses timides essais.
Je sçais que d'un coup d'œil tu peux glacer ma Muse;
Mais ta grandeur se voile, & ta bonté m'excuse.
Né dans ces murs, jadis les défenseurs des Rois,
Où, fiere de rouler son onde sous tes loix,
Et sous ton astre heureux plus superbe & plus vaine,
La Loire, dans son cours, le dispute à la Seine,
Au nom de ma patrie, aux titres les plus chers,
Tu veux bien accepter mon hommage & mes vers.
 PRINCE, puissent ces vers, à l'ombre de ta gloire,

Gravés par ton suffrage au Temple de Mémoire,
Apprendre, quelque jour, à la postérité
Que, dirigeant leurs pas vers l'immortalité,
Tu soutins les talents dans leur vaste carriere,
Que du Cirque François tu m'ouvris la barriere,
Et, que les animant du feu de ses regards,
PHILIPPES fut le pere & l'ami des Beaux Arts.

ACTEURS.

PIGMALION, Roi de Tyr,   M. Paulin.
ASTARBÉ, Epouse de Pigmalion,   Mlle Clairon.
BACAZAR, fils de Pigmalion,   M. Le Kain.
LEUXIS, Princesse, amante de Bacazar,   Mlle Gauffin.
NARBAL, ancien Gouverneur de Bacazar,   M. Brizard.
ZOPIRE, } Conjurés,   M. Bellecourt.
NADOR, }   M. Le Grand.
ORCAN, Confident d'Astarbé,   M. Bonneval.
ARSACE, Chef des Gardes de Pigmalion,   M. Dubois.
GARDES de Pigmalion.
GARDES d'Astarbé.
TROUPE DE TYRIENS.

La Scene est à Tyr, dans le Palais des Rois.

ASTARBÉ, TRAGÉDIE.

ACTE PREMIER.

SCENE PREMIERE.
NARBAL, ARSACE.

ARSACE.

OI, dans Tyr, toi, Narbal! Vieillard infortuné,
Marches-tu sans effroi, d'écueils environné?
Dans ce séjour du crime & de la tirannie
Quel motif te conduit?

A ij

NARBAL.

L'amour de ma Patrie,
Les cris attendriffans d'un peuple malheureux,
Les remords de mon Roi ; tout m'appelle en ces lieux.
On dit que, déteftant le jour où l'himénée
Au fort d'une barbare unit fa deftinée,
Pigmalion rougit de fes longues erreurs ;
Qu'Aftarbé va fentir fes derniéres fureurs :
Sur ce monftre odieux je viens l'inftruire encore ;
Je viens lui dévoiler des forfaits qu'il ignore.
La cruelle immola fes déplorables fils,
Ses fils, par mes leçons, dans la vertu nourris.
Que Pigmalion tremble aux noms de fes Victimes !
Qu'il connoiffe Aftarbé, qu'il puniffe fes crimes;
Et que de la perfide à jamais délivré,
Il regne en Souverain de fon peuple adoré.
Du fonds de mes Deferts, voilà ce qui m'amene.
Tu le vois, mes projets font d'amour & de haine :
Je viens perdre Aftarbé, fauver l'État, mon Roi.
Arface, j'ai compté fur tes foins, fur ta foi.
Deftiné pour veiller fur les jours de fon Maître,
Devant lui, fans péril, Arface peut paroitre.
Viens : au pied de fon Trône il faut guider mes pas;
Tu le peux... Tu frémis ! Tu ne me réponds pas!
Ah, Dieux !.... Quoi ! d'un vain bruit mon oreille
frappée.

TRAGÉDIE.

Un faux espoir naît-il dans mon ame trompée ?
Parle.

ARSACE.

   Imprudent Vieillard, tu quittes tes Deserts !
A la Cour d'un Tyran viens tu chercher des fers ?
Connois Pigmalion. Monstrueux assemblage
De crimes, de remords, & d'amour, & de rage,
Teint du sang de Sichée & du sang de son fils,
Monarque environné d'un peuple d'ennemis,
Haï de ses sujets, en horreur à lui-même,
Esclave infortuné d'une epouse qu'il aime ;
Emporté, furieux dans ses plus doux transports,
Cruel dans ses forfaits, cruel dans ses remords,
Il est à redouter autant qu'il est à plaindre.
Dans son repentir même un Tiran est à craindre.
Ah. fuis loin du barbare !

NARBAL.

      Arrête : écoute moi.
Narbal, dans un Tiran respecte encor son Roi.
Tu l'oses condamner ! .... Ah ! quelques soient leurs
  crimes,
Marchants à pas tremblans à travers mille abîmes,
Il faut plaindre les Rois dans leurs tristes grandeurs ;
Leurs forfaits bien souvent ne sont que leurs malheurs.
Arrête.... Et cependant seconde ici mon zele.
Pigmalion soupçonne une épouse infidelle ;
Je le sçais. Viens, te dis-je. Il faut tout découvrir,

A iij

Accuser Astarbé.

ARSACE.

Cruel, tu vas périr.
Astarbé ! Dieux ! Narbal peut-il la méconnoître ?

NARBAL.

Je connois son pouvoir, & mes yeux l'ont vû naître.
Conduite par l'amour au trône de nos Rois,
Sa fatale beauté fit seule tous ses droits.
La fortune l'éleve, & le foible l'encense :
Mais je ne puis, foulé du poids de sa puissance,
Tomber aux pieds d'un monstre, auteur des maux divers,
Dont sa rage a rempli ce coin de l'Univers.
Du haut de ses Autels renversons cette idole.
Que m'importe, après tout, que sa fureur m'immole ?
Dois je épargner un sang, dans mes veines, glacé ?
Pour mon Roi, pour l'État il doit être versé.
 Arsace, nous touchons au jour de la vengeance.
J'ensevelis encor dans la nuit du silence
Un secret important qu'il faut taire en ces lieux.
Tantôt & loin d'ici je t'en instruirai mieux.
Cependant, apprends-moi le sort d'une Princesse,
Dont le malheur affreux me touche & m'intéresse.
Leuxis, dans ce Palais, voit-elle encor le jour ?
Nourriroit-elle encor un malheureux amour ?
De l'héritier du Trône amante infortunée,

Au jeune Bacazar promise & destinée,
Elle attendoit des Dieux le prix de ses vertus.

ARSACE.

Leuxis remplit ces lieux de regrets superflus.
D'autant plus malheureuse, au sein de ses allarmes,
Que l'impie Astarbé se repaît de ses larmes,
Que l'auteur de ses maux jouit de sa douleur.
La vertu cependant est toujours dans son cœur.

NARBAL.

Vole vers elle, Arsace; & dis-lui qu'elle espere:
Ce jour, cet heureux jour finira sa misére.
Dieux ! Astarbé paroît !

SCENE II.
ASTARBÉ, NARBAL, ARSACE, ORCAN, GARDES.

ASTARBÉ.

Vous, Narbal, dans ces lieux !
Osez-vous, sans mon ordre, y paroître à mes yeux ?
Vous, qu'à mes volontés j'ai vû toujours contraire,
Vous, qui vous imposant un exil volontaire,
Sur des bords inconnus, en secret, retiré,
Vivez depuis dix ans, à la Cour ignoré.

A iv

Narbal, dans un sujet, la fuite est condamnable,
Et, s'il n'est ordonné, le retour est coupable.
Il faut justifier l'un & l'autre aujourd'hui.

NARBAL.

Le Juste qu'on accuse, a ses vertus pour lui.
Arrêtez vos regards sur le cours de ma vie,
Madame.... C'est ainsi que je me justifie.

ASTARBÉ.

Infléxible Vieillard, crois-moi, le tems n'est plus,
Où, moi-même admirant tes sauvages vertus,
J'ai souffert que dans Tyr ton audace impunie
Me donnât tous les noms, dont elle m'a noircie ;
De tants d'affronts reçûs, & qu'il falloit punir,
Je veux bien aujourd'hui perdre le souvenir.
C'est assez me contraindre ; & je me suis flattée
D'être, dans mes grandeurs, désormais respectée.
Je le veux, en un mot.

NARBAL.

    La juste autorité
Trouve dans moi le zele & la docilité :
Mais je ne sçus jamais vil esclave du crime
Lui rendre, dans les Cours, un culte illégitime.
Fidèle à ma Patrie, aux Souverains, aux Loix,
C'est sans déplaire aux Dieux que j'obéis aux Rois.

ASTARBÉ.

Sors ; & tremble.

      Les Gardes sortent.

SCENE III.
ASTARBÉ, ORCAN.

ASTARBÉ.

EN ces lieux quel motif le ramène ?
Du poids de son orgueil il accable sa Reine !
Ici tout m'importune, & depuis quelques jours,
Tout semble de ma vie empoisonner le cours.
Leuxis, de mes grandeurs, orgueilleuse rivale,
Ose usurper mes droits & marcher mon égale.
Pigmalion lui-même, inquiet & jaloux,
Affectant les chagrins d'un Maître & d'un Epoux,
Et ne me parlant plus que la plainte à la bouche,
Verse sur moi le fiel de son ame farouche.
Sur mes sombres projets seroit-il éclairé ?
Le voile qui les couvre est-il donc déchiré ?
Je ne sçais ; mais tantôt sous ces voûtes sanglantes
Croyant voir de son fils les ombres menaçantes,
Et se plaignant à moi des rigueurs de leur sort,
Le barbare, en ces lieux, m'a reproché leur mort.
Je le connois : il faut prévenir sa furie.
Il avance le coup qui menace sa vie,
Ces Soldats vigilans, ces Gardes assidus,
Ces cent portes d'airain, ces glaives toûjours nuds,

Ces foudres allumés, qui grondent près du Thrône,
Ces orgueilleuses Tours, que la mort environne,
(Appareil menaçant, mais inutile appui
Qu'un Tiran met toûjours entre son peuple & lui,)
Rien ne peut ralentir le courroux qui m'anime.
Pigmalion, ce soir, expire ma victime.
Ce projet en un mot trop longtems concerté,
Dans ce jour de terreur doit être éxécuté.

ORCAN.

Immoler le Tiran ! Quels mortels intrépides
Seconderont ici vos fureurs parricides ?
Quels sujets oseront sacrifier leur Roi ?

ASTARBÉ.

Je n'attends rien du peuple, & j'ai compté sur moi.
N'en doute point, ce bras suffit à ma vengeance.
De mes cruels transports connois la violence.
Le Tiran jusqu'ici n'a fait naître en mon cœur
Que des emportemens de haine & de fureur :
Et dans ce jour encor, où le cruel m'outrage,
Mon plus doux sentiment est celui de la rage.
Qu'il ne se plaigne point de tant d'inimitié,
La sienne, plus barbare, a tout justifié.

ORCAN.

Son amour, cependant, vous place au rang de Reine.

ASTARBÉ.

Quel amour, si j'ai dû lui préférer sa haine !

Par l'ordre de mon Pere attaché près de moi,
L'habitude & le tems m'assurent de ta foi.
Orcan ; je vais t'ouvrir mon ame toute entiere,
Cette ame, pour toi seul va souffrir la lumiere.
 Rappelle-toi le jour où cet affreux Palais,
Retentit tout à coup du bruit de mes attraits ;
Tu sçais l'obscurité du rang où je suis née ;
Sans ambition, libre, & du Trône éloignée ;
Encor dans l'âge, où fait pour les illusions
Notre cœur méconnoît les grandes passions :
J'aimois ; heureuse alors, glorieuse & contente
Mon orgueil se bornoit au vain titre d'Amante ;
Les Dieux alloient m'unir au sort de mon époux,
Et les flambeaux d'himen brilloient déja pour nous,
Quand au lit du Tyran, malgré moi réservée,
Des bras de mon amant je me vis enlevée :
De cent coups de poignard je vis percer son cœur.
On ajoûta bientôt l'outrage à la fureur.
Dans ce Palais funeste on me traîna mourante ;
Pigmalion brava les larmes d'une Amante ;
Et voulant me forcer de répondre à ses vœux,
Il serra de l'himen les détestables nœuds.
Quel himen ! Le cruel, dans sa rage jalouse,
Venoit d'empoisonner sa malheureuse Epouse,
Et dans ce jour encor, son frere infortuné,
Sichée, à nos autels mourut assassiné.
 Orcan, il m'inspira la fureur qui m'anime,

Et dans ses bras sanglans, j'ai respiré le crime.
Assise à ses côtés sur le Trône des Rois,
Je devins politique & barbare à la fois.
Enfin, que te dirai-je ? A ses destins unie,
Le cruel m'infecta de son fatal génie.
Je voulus l'en punir ; mais pour mieux le frapper,
Il étoit soupçonneux, il falloit le tromper.
On m'aimoit, & bientôt au vain talent de plaire
J'ajoutai l'artifice, il étoit nécessaire :
Et sans te rappeller ces intrigues de Cour,
Fruit de l'ambition plutôt que de l'amour ;
Je pris sur le tiran cet ascendant suprême
Que donne la beauté sur les Souverains même.
J'obtins tout ; je regnai sur son peuple & sur lui.
Mais, Orcan, mon pouvoir l'inquiete aujourd'hui :
Il m'observe, il me craint ; ma faveur diminue,
Et peut être ma perte est déja résolue.
De sa premiere Epouse il m'apprête le sort.
Qu'il frémisse ! ma crainte est l'arrêt de sa mort.

ARCAN.

Quel mortel près de vous doit monter sur le Trône,
Madame ? Sur quel front mettez-vous la couronne ?
Vous connoissez nos mœurs, nos usages, nos loix ;
Tyr, pour la gouverner n'eût jamais que des Rois.

ASTARBÉ.

Qu'oses-tu m'opposer ? Apprens à me connoître.

Astarbé trop long-tems a gémi sous un Maître.
Je méprise un vil Peuple, indocile & jaloux.
Orcan, je regnerai sans Maître & sans Epoux.
Par de pénibles soins au Trône conservée,
Si je le partageois, je m'en croirois privée.
Je sens enfin, je sens dans le fond de mon cœur
La vaste ambition qui mene à la grandeur.
 Vois, jusqu'où j'ai porté mes soins & ma prudence,
Du Sang des Souverains j'ai proscrit l'espérance.
Un obstacle puissant arrêtoit mes projets ;
Le Tyran eut deux fils, l'amour de ses sujets,
Foibles, jeunes encor, mais qui pouvoient me nuire ;
Méprisables tous deux, mais qu'il falloit détruire ;
J'avois juré leur mort ; rien ne peut m'effrayer.
D'un complot criminel j'accusai le premier ;
De ses plus noirs poisons j'armai la calomnie.
Le Tyran inquiet, qui craignoit pour sa vie,
N'éclaircit rien, crut tout, & sur mon seul rapport,
De son malheureux fils il ordonna la mort.
Bacazar restoit seul : plus heureux que son frere,
Il avoit pour appuy la tendresse d'un Pere.
Et la pompe & l'éclat dont brilloit cette Cour,
De son fatal hymen nous annonçoient le jour ;
Cette même Leuxis, dont la fierté m'offense,
L'obtenoit pour Epoux, & trompoit ma prudence :
Mais du fatal hymen je reculai l'instant,
Et ma main sépara l'Amante de l'Amant.

Il étoit dans cet âge, où Tyr voit fa jeuneffe
Aller chercher les Arts dans le fein de la Grèce.
J'ufai de ce prétexte, il partit pour Samos.
Le Pilote féduit, le plongea dans les flots.
On crut que le Vaiffeau, furpris par un orage,
Avoit enveloppé le Prince en fon nauffrage ;
Et le Peuple crédule, adoptant ce rapport,
Il n'imputa qu'aux Dieux le malheur de fa mort.
 Voilà par quels degrés l'adroite politique
M'approche à chaque inftant du pouvoir defpotique.
Il ne faut plus qu'un pas, je le fais en ce jour :
Je fers l'ambition, & je vange l'Amour.

ORCAN.

Mais ne craignez-vous point que le Peuple indocile
Ne s'oppofe au fuccès d'un projet inutile ?
Vous devez redouter fes noirs reffentimens.
Plus d'un Peuple, Madame, a vangé fes Tirans.

ASTARBÉ

Je ne m'abufe point ; je fçais qu'on me détefte ;
Je fçais que Tyr me voit comme un monftre funefte,
Artifan de fes maux, deftructeur de fes Loix,
Ennemi de fes Dieux, & Tiran fous fes Rois :
Va, je me rends juftice, & n'ai pû me féduire
Jufqu'à me déguifer la haine que j'infpire.
Mais cette inimitié qui t'allarme pour moi,
Redouble ma fureur, & non pas mon effroi.

Moi, redouter, moi, craindre une foule impuissante
De foibles Citoyens que mon nom épouvante !
Que m'importe la haine ou l'amour des Mortels ?
 Orcan, je veux un Trône, & non pas des Autels.
Poursuivons mes desseins. On dit que dans Carthage,
La superbe Didon forme un nouvel orage,
Et que bientôt ici cette Reine en courroux,
Doit venir pour venger l'ombre de son Epoux :
Je dois la craindre, Orcan ; la foudre qu'elle apprête,
En frappant le Tiran, tomberoit sur ma tête ;
Différer, c'est l'attendre : il faut la prévenir.
Je sçais de quels ressorts il faudra se servir.
 Et toi, va rassembler cette foule importune
Que l'intérêt enchaîne au char de ma fortune :
Tous ces vils Courtisans, ces Flatteurs corrompus,
Comblés de mes bienfaits, me sont déja vendus.
Mais, fais venir surtout le farouche Zopire :
Ce Zopire est un traître, & j'ai sçu le séduire ;
Autrefois vertueux, aujourd'hui criminel ;
Né foible, & cependant politique & cruel ;
C'est un de ces humains guidés par leurs caprices,
Dont on met à profit les vertus ou les vices.
 Vole, Orcan ; & surtout renferme dans ton cœur
Des secrets, dont tu vois la sombre profondeur.
Mais que me veut Leuxis ?

SCENE IV.

ASTARBÉ, LEUXIS, ARSACE.

LEUXIS.

Vous l'emportez, Madame ;
J'abaisse, en frémissant, la fierté de mon ame ;
Moi, qui ne dûs jamais reconnoître vos loix,
Moi, la sœur de Sichée, & fille de nos Rois ;
Je viens vous implorer : les malheurs de ma vie
M'ont réduite à l'opprobre où je suis avilie.
Assez long-tems vos yeux ont joui de mes pleurs.
Ce Palais a pour moi d'éternelles horreurs ;
J'y frémis, & j'y vois une main meurtriére,
Fumante encor du sang de ma famille entiére.
   Obtenez de mon Roi qu'abandonnant ces lieux,
Je puisse, avec Didon, sur des bords plus heureux,
Déplorer en secret nos longues infortunes :
L'Hymen unit nos droits ; nos pertes sont communes.

ASTARBÉ.

Madame, je le sçais, les mêmes intérêts
Vous livrent l'une & l'autre à de pareils regrets.
Didon, dans le complot d'une injuste vengeance,

Vous a vue avec elle agir d'intelligence ;
Et si Pigmalion écoute mes avis,
Sa main n'unira pas ses plus grands ennemis.
Vous ne verrez jamais les rivages d'Afrique.

LEUXIS.

Et voilà donc les soins de votre politique ?
Me peignant à ses yeux sous d'affreuses couleurs,
De votre Epoux trompé vous armez les fureurs :
Qui de nous, envers lui, se montra plus perfide ?
Ai-je livré son sang à sa main parricide ?
Ah ! tandis qu'à ses fils on arrachoit le jour,
L'un avoit mon estime, & l'autre mon amour :
Et cependant c'est moi que l'on traite en coupable ;
Moi, qui dans les apprêts d'un hymen favorable,
De mon frere immolé perdant le souvenir,
Au fils de l'assassin consentoit à m'unir.

ASTARBÉ.

Si Bacazar n'est plus, sa mort n'est pas mon crime.

LEUXIS.

Je ne sçais de quel bras il mourut la victime.
Mon désespoir ne peut en accuser les Dieux ;
Ils aiment les mortels qu'ils ont fait vertueux.
De plus justes soupçons s'élevent dans mon ame :
J'ai perdu mon Amant, & vous regnez, Madame.

ASTARBÉ.

Je ne répondrai point à d'injustes discours,

Dictés par la douleur, & que l'on tient toujours.
Je ne dirai qu'un mot : Oui, Madame, je regne :
Pardonner ou punir, je puis tout... Qu'on me craigne.
Elle s'en va.

SCENE V.
LEUXIS, ARSACE.
ARSACE.

L'Infortune à ce point peut-elle s'égarer ?
Vous l'avez offensée ; il falloit l'implorer ;
Tout gémit, tout périt sous sa main criminelle.

LEUXIS.

Moi, que je tombe aux pieds d'une Reine cruelle !
Sans nous déshonorer, cédons à nos malheurs.
Mourons, brisons des fers arrosés de mes pleurs.
Que mes yeux ne soient plus les témoins de sa rage :
Méprisable dans Tyr, dangereuse à Carthage,
Quand je m'apprête à fuir vers de plus doux climats,
La Barbare en ces lieux veut retenir mes pas.
Sous les loix d'une femme en esclave enchaînée,
C'est traîner trop long-tems ma vie infortunée.
J'ai fatigué le Ciel de mes vœux superflus ;
Il est sourd à mes cris, & Bacazar n'est plus !
Mourons, vous dis-je.

ARSACE.

        Il faut tout espérer encore.
Le jour de la vengeance éclate avec l'aurore.
Le vertueux Narbal, ramené dans ces lieux,
Nous promet ce grand jour, l'annonce au nom des Dieux.

LEUXIS.

Je connois ce Vieillard : trop sensible à mes peines,
Narbal veut me donner ces espérances vaines,
Dont la pitié souvent amuse la douleur.
L'amertume a rempli le vuide de mon cœur.
Ah ! quand il faut haïr jusqu'à mon existence,
Que je gouterai mal une foible vengeance !
Sans être réparés les crimes sont punis.
Hélas ! Pigmalion me rendra-t'il son fils ?

ARSACE.

D'un bonheur imprévû, Narbal veut vous instruire;
Princesse, il vous attend.

LEUXIS.

        Qu'auroit-il à me dire ?
Allons voir, j'y consens, ce Mortel vertueux.
Le sage fut toujours l'appuy des malheureux.

Fin du premier Acte.

ACTE II.

SCENE PREMIERE.
ZOPIRE, NADOR.

NADOR.

OPIRE, tu connois les desseins de la Reine :
Dans ce Palais sanglant son ordre nous ramène.
Quoi, lorsque ses fureurs devroient nous indigner,
Nous allons les servir !

ZOPIRE.

Nador, il faut regner.
Tu frémis ? Ce projet te trouble & t'intimide !
Le Tiran va tomber sous le glaive homicide.
Seconde mon audace ; & le Peuple étonné
Du bandeau de ses Rois me verra couronné.
Astarbé dans ce jour immole sa Victime :

Perdons la Criminelle, & jouiſſons du crime.
Sous un Sceptre de fer trop long-tems accablés,
D'un Sceptre plus peſant craignons d'être foulés;
Sur les débris du Trône & de la tyrannie,
Elevons un pouvoir utile à la Patrie;
Rappellons dans ces lieux la juſtice & les mœurs.
C'eſt pour vous rendre heureux que j'aſpire aux grandeurs.

NADOR.

Dans ce vaſte projet, je te plains & t'admire.
Aſtarbé tient ici les rênes de l'Empire;
Sur elle, ſans péril, peux-tu les uſurper?

ZOPIRE.

Elle me craint, Nador, & je puis la tromper.
Tantôt dans ſes terreurs, je l'ai vue elle-même
M'offrir, avec ſa main l'éclat du Diadême;
Elle veut que mon bras, de cet eſpoir flatté,
Enchaîne ſous ſes loix un Peuple révolté.
J'accepte tous les dons que me fait ſa foibleſſe;
Mais c'eſt pour les remettre aux mains de la Princeſſe:
Leuxis, ſeul rejetton de la tige des Rois,
Oppoſe à mes deſſeins de légitimes droits :
Heureuſe & triomphante, & par moi couronnée,
Que l'Hymen à mon ſort joigne ſa deſtinée.
Ne crois pas cependant qu'un cœur ambitieux,
Aſſervi par l'amour, en reſſente les feux :

Leuxis, fans m'éblouir par l'éclat de fes charmes,
Me plaît par fes vertus, me touche par fes larmes.
Aftarbé fur mon cœur peut moins par fes bienfaits;
Je vois avec mépris l'orgueil de fes attraits.
O vertu! telle eft donc ta puiffance fuprême!
On t'aime, on te refpecte au fein du crime même.

NADOR.

Tu voudrois réunir, dans ton cœur combattu,
La fureur, la pitié, le crime & la vertu;
Pour éviter les noms d'ufurpateur, de traître,
Tu deffens dans Leuxis le fang qui l'a fait naître;
Cependant, pourfuivant ce fang infortuné,
Tu fouffres que ton Roi périffe affaffiné!
Tu crois que fon trépas fauvera cet Empire;
Tu veux perdre Aftarbé... Tu veux regner, Zopire.
Ah! quels font tes deffeins! Par quel contrafte affreux,
Es-tu donc à la fois barbare & généreux?

ZOPIRE.

Je fçais des Souverains quel eft le privilége.
Mon bras n'eft point armé d'un couteau facrilége.
Je voudrois de mon Roi prévenir le malheur.
Mais comment l'arracher à fa propre fureur?
Accufer à fes yeux une Epoufe qu'il aime;
Ce n'eft point le fauver, c'eft me perdre moi-même.
La Barbare, abufant des droits de la beauté,
Sçaura d'un voile épais couvrir la verité,

t d'un amour trompeur employant l'artifice,
Faire tomber sur moi le crime & le supplice.
Que te dirai-je encor ? Sans cesse partagé,
Ami de la vertu, dans le crime engagé,
J'ai balancé long-tems ; mais enfin moins timide,
L'ambition me parle, & sa voix me décide.
De nos amis communs va disposer les cœurs.
Je vais tromper la Reine en servant ses fureurs.
Elle vient, laisse-nous.

SCENE II.

ASTARBÉ, ZOPIRE, ORCAN.

ASTARBÉ.

Enfin, brave Zopire,
Ce jour va terminer les malheurs de l'Empire.
Hâtez-vous, rassemblez vos généreux amis.
Servez-moi ; je l'ai dit, le Trône est à ce prix.

ZOPIRE.

Nos Conjurés ici s'empressants de se rendre....

ASTARBÉ.

L'ordre n'est point donné, Zopire.... Il faut l'attendre.
Il n'est pas tems encore d'annoncer mes projets ;

On ne les connoîtra qu'au moment du succès.
Vous, que sur mes desseins ma confiance éclaire,
Songez qu'un Conjuré doit agir & se taire.
Préparez en secret ces armes, ces poignards,
Ces instrumens de mort, cachés en ces remparts.

ZOPIRE.

Grande Reine, croyez que l'ardeur qui m'inspire,
Que l'amour...

ASTARBÉ.

Arrêtez, vous me trompez, Zopire.
Je connois vos pareils; la fiére ambition
Annéantit en eux toute autre passion:
C'est au soin de regner que leur grand cœur s'applique,
L'amour n'est à leurs yeux qu'un ressort politique,
Qui d'un sexe crédule, objet de leur mépris,
Peut séduire à leur gré les faciles esprits.
Mais vous n'avez point dû, quelque soin qui vous presse,
De ce sexe avili m'imputer la foiblesse.
Par ce lâche détour, enfin vous m'offensez,
Ou vous me croyez foible, ou vous me trahissez.
Allez. Pigmalion près de moi va se rendre:
Je l'attens, & peut-être il pourroit nous surprendre.
Laissez-nous, & songez quand je vous promets ma main,
Qu'un vil adorateur y prétendroit en vain:
Disputez-là, Zopire; elle est le prix du zèle.

SCENE

SCENE III.

ASTARBÉ, ORCAN.

ORCAN.

Ainsi, vous couronnez un esclave infidéle !

ASTARBÉ.

En offrant à ses vœux la suprême grandeur,
De ce vil Conjuré j'irrite la fureur.
Séduit par cet espoir, son intérêt l'anime ;
Et l'intérêt, Orcan, facilite le crime.
L'art d'offrir sa parole, & l'art de la trahir,
C'est la vertu des Grands, je sçaurai m'en servir.
Que Zopire frémisse en trahissant son Maître :
C'est de lui que j'aprens à redouter un traître.
Je préviendrai dans lui le crime ou le remord ;
Et mon bras, pour tout prix, lui destine la mort.
Hâtons de nos desseins l'heure trop différée,
Ou craignons du Tyran la fureur égarée :
Ce monstre d'épouvante & de trouble, oppressé,
Semble entrevoir le coup dont il est menacé.

ORCAN.

Eh ! qui soupçonne-t'il !

ASTARBÉ.
                    Moi-même la premiére,
Le jour, l'air, qu'il respire, & la nature entiére.
Rassemblons sur Leuxis ces soupçons odieux ;
Rendons-la criminelle & suspecte à ses yeux.
Il faut la perdre Orcan ; Leuxis pourroit me nuire,
Mais ne nous chargeons pas du soin de la détruire.
Le Phénicien l'aime : attendri sur son sort,
Il puniroit sur moi le crime de sa mort.
Que le Tyran l'immole, & par ce coup barbare
Qu'il autorise ici le coup qu'on lui prépare.
Des Peuples indignés qu'il devienne l'horreur.
La politique, Orcan, fait plus que la fureur.
Par la main du Tyran j'immole mes victimes ;
Et je veux l'accabler du fardeau de mes crimes.
Il vient.

SCENE IV.

PIGMALION, ASTARBÉ, ARSACE, GARDES.

ASTARBÉ.

SEIGNEUR, quel trouble égare ici vos pas !
Où courez-vous ? Pourquoi ces farouches Soldats ?
De quel nouvel effroy votre ame est elle atteinte ?
Ah ! parlez.

PIGMALION.

Mes pareils sont-ils jamais sans crainte ?
Madame, ces remparts de mes crimes remplis,
D'un Peuple gémissant me répétent les cris :
Hélas ! & dans ces cris jettés par l'innocence,
J'entends toujours frémir la voix de la vengeance.
Je combats vainement une juste terreur ;
Le remord me détrompe & tonne dans mon cœur.
Tout présente à ma vûe une image effrayante.
Je vois loin de ces bords une Reine puissante,
De ses Vaisseaux nombreux couvrir le sein des mers,
Et chercher des Vengeurs dans un autre Univers.
Mes sujets dans ces murs, l'Afriquain dans Carthage,
Les Dieux même irrités accélerent l'orage.

B ij

Je veux les prévenir : plus juste désormais,
Sur un Peuple opprimé regnons par les bienfaits.

ASTARBÉ.

Tels sont donc vos desseins ? Quelle indigne foiblesse !
Une ombre, un vain remord, un phantôme vous blesse !
Hé quoi, d'un Peuple vil craignez-vous les clameurs ?
Vous allez, dites-vous réparer ses malheurs,
Répandre vos bienfaits sur cette foule obscure :
Ah ! laissez-lui plutôt la plainte & le murmure.
Qu'importe qu'il gémisse ? Il est né pour servir.
A la rébellion craignez de l'enhardir.
Loin de la relâcher, il faut serrer sa chaîne.
C'est par la fermeté que l'on dompte sa haîne.
Enfin, ne souffrez point qu'il éleve sa voix,
Qu'il ose sur leur Trône interroger ses Rois.
Des Dieux que vous craignez imitez les éxemples ;
C'est la foudre à la main qu'ils obtiennent des temples:
Le mistère & la crainte entourent leurs Autels.
Punissez, & comme eux effrayez les Mortels.

PIGMALION.

Hé bien, Madame, hé bien ; il faut toujours se rendre,
Toujours suivre vos loix, les chérir, en dépendre.
Cependant Phadaël à la mort condamné,
Mes sujets poursuivis, Sichée assassiné ;
Tant de maux n'ont-ils point assouvi ma furie ?
Faut-il verser encor le sang de ma Patrie ?

Quels funestes conseils ! Je les ai trop suivis,
Madame ; & ce sont eux qui perdirent mes fils.
A ce noir souvenir, la voix de la nature
Jette au fond de mon cœur un effrayant murmure.

ASTARBÉ.

J'ignorois jusqu'ici, le but de vos discours,
Seigneur, mais mon esprit en a suivi le cours :
Le reproche les dicte ; & votre ame égarée
S'abandonne aux remords dont elle est déchirée ;
La crainte y verse aussi son funeste poison,
Et l'un & l'autre enfin vous menent au soupçon.
Vous m'accusez, Cruel ! apprenez-moi mes crimes.
Cette main fume encor du sang de mes victimes ;
Je ne m'excuse point, j'ai tout osé pour vous.
Des traîtres, des ingrats sont tombés sous mes coups.
Leur sort vous attendrit ! quelle pitié frivole,
Quand vous êtes le Dieu pour qui je les immole !
Et quels sont après tout vos crimes & les miens ?
Outrageant la nature & brisant ses liens,
Sichée enorgueilli des droits de sa Thiare,
Prêtre séditieux, frere injuste & barbare,
Du Peuple, contre vous, souleva les esprits.
Plus criminel encor le premier de vos fils,
De vos augustes jours détestant la durée,
Osa lever sur vous sa main dénaturée.
Vous les avez punis : Et vous, qui les plaignez,

Ce n'eſt que par leur mort qu'aujourd'hui vous regnez.
La violence aux Rois eſt ſouvent néceſſaire.
Duſſiez-vous m'en punir, je ne puis plus vous taire
Que dans ce jour encor, dans ces mêmes momens,
Vous êtes menacé des périls les plus grands ;
Qu'il faut les prévenir, ou payer de ſa tête.

PIGMALION.

O Ciel ! Que dites vous ?

ASTARBÉ.

La revolte s'apprête.

PIGMALION.

Achevez ; nommez-moi mes lâches ennemis.

ASTARBÉ.

Il en reſte un, Seigneur.

PIGMALION.

Ah ! quel eſt-il ?

ASTARBÉ.

Leuxis.
Décidez vos ſoupçons entre elle & votre Epouſe.
Du nœud qui nous unit, indignement jalouſe,
Leuxis médite ici de criminels deſſeins ;
Tantôt elle fuyoit vers les bords Africains.
Jugez ſur cet avis quel intérêt me guide ;
Ou plutôt, je l'ai dit que votre ame décide.
Un abîme profond eſt ouvert ſous vos pas :
Voyez, examinez ; & ne m'en croyez pas.
Je vous laiſſe, Seigneur.

SCENE V.

PIGMALION, ARSACE.

PIGMALION.

Elle me fuit, Arsace.
Le fer est suspendu, sa chûte me menace ;
Sur le soin de mes jours reveillons son ardeur :
Mes soupçons, mes remords ont irrité son cœur.
Par elle je veux tout, je crains ou je désire.
Quel ascendant vainqueur ! qu'il lui donne d'empire !
Quoi, Leuxis me trahit !... Vange un Roi malheureux.
Qu'on la charge de fers... Il le faut... Je le veux.

ARSACE.

Ah, Seigneur, differez ! Aux genoux de son Maître,
Narbal...

PIGMALION.

Que me veut-il ? Qu'il vienne ; il peut paroître.
Hélas ! dans les horreurs de l'état où je suis :
Tout voir & tout entendre est tout ce que je puis.

SCENE VI.
PIGMALION, NARBAL.

PIGMALION.

SAGE Vieillard, approche, & bannis toute crainte,
Narbal peut aujourd'hui s'expliquer sans contrainte.
On parle de complots, de vengeurs, d'assassins.
Tu m'as dit mille fois qu'il n'est point de chemins
Qui menent jusqu'à nous la verité sévére ;
On l'enveloppe ici des ombres du mystère.
Réponds : j'attens de toi des éclaircissemens.
Quels sont mes ennemis ?

NARBAL.
      Je connois les plus grands,
D'autant plus dangereux, d'autant plus redoutables,
Que voilant leurs fureurs sous des dehors aimables,
Pour les empoisonner, ils séduisent les cœurs.

PIGMALION.
Ces ennemis cruels, qui sont-ils ?

NARBAL.
        Vos Flateurs ;
Mortels nés pour corrompre, aussi-bien que pour feindre.

Ah ! plût aux Dieux, qu'un Roi n'eût que son Peuple
à craindre !
Un bienfait le fléchit & peut le désarmer :
Mais le flatteur toujours nuit & se fait aimer.
On vous trompe, Seigneur ; Astarbé vous abuse.

PIGMALION.

Téméraire, arrêtez ! le Tyrien l'accuse,
Je ne consulte point ces sentimens jaloux,
Et je n'en crois, enfin, ni ce Peuple, ni vous.
C'est sur d'autres objets qu'il falloit me répondre.
On dit que sur mes jours l'orage est prêt à fondre.
L'infidelle Leuxis, injuste en sa douleur,
S'est unie en secret aux desseins de ma sœur :
Elle fuyoit, dit-on, vers les rives d'Afrique.
Quels projets trâme ici sa vaine politique ?

NARBAL.

Je vous réponds, Seigneur, des vertus de Leuxis.

PIGMALION.

Elle pleure Sichée !

NARBAL.

     Et pleure votre fils !

PIGMALION.

Non, je n'approuve point sa fuite dans Carthage.
Vous-même, retiré dans un désert sauvage,

Vous n'avez pû, sans crime, errant & loin de moi,
Ensevelir des jours qui sont à votre Roi.

NARBAL.

Dans mon désert, Seigneur, la vieillesse pesante
Dénouoit le tissu d'une vie innocente.
Je mourois chaque jour, & mourois sans effort.
Hélas ! m'enviez-vous la douceur de ma mort ?
Quand, sous le faix des ans, ma vieillesse succombe,
Serois-je à redouter sur les bords de ma tombe ?
Le sage ne meurt point sous les lambris des Rois.
Loin de ces lieux, Seigneur, sous mes rustiques toits,
Gémissant en secret des crimes de la terre,
Mes prieres des Dieux désarmoient la colére.
Ma voix les imploroit pour le Peuple, pour vous ;
Et je m'étois flatté de suspendre leurs coups.
Ah ! ne déchirez plus le sein de ma Patrie.

PIGMALION.

Un Peuple factieux attente sur ma vie !

NARBAL.

Et le fléchirez-vous par d'indignes fureurs ?
Le regne le plus sûr est le regne des cœurs.
Vous êtes Roi sans doute, & ce titre est auguste ;
Mais il faut être encor humain, généreux, juste,
Offrir aux malheureux des soins compatissans.
Héros, Législateurs, Monarques, Conquerans,
De ces titres pompeux dont la gloire nous nomme,

En est-il un pour nous plus grand que le nom d'hom-
     me ?
C'est le premier, Seigneur ; & sans l'humanité,
Tout, jusqu'à la vertu, n'est que férocité.
Vous craignez, dites-vous, le Peuple & sa furie :
Abjurez aujourd'hui l'affreuse tyrannie,
Et Narbal vous répond du salut de vos jours.
Combien ce Peuple alors en chériroit le cours !
Vos remords, vos terreurs, oui, tout semble vous dire
Qu'il faut pour être heureux dans les soins d'un Em-
     pire,
Regner par les bienfaits, par les mœurs, par les loix.
Le malheur des Etats fait le malheur des Rois.

PIGMALION.

Ote à la vérité ce langage infléxible :
Tu veux la faire aimer & tu la rends terrible :
Cruel, fuis loin de moi ; tu m'arraches le cœur.

NARBAL *aux genoux de Pigmalion.*

Ainsi vous le fermez aux cris de ma douleur !
Par ces genoux sacrés, ô mon Roi, par vous-même,
N'irritez plus des Dieux la justice suprême.
Ah ! que ne sçavez-vous de quel bienfait heureux,
Ils recompenseroient votre retour vers eux.
Il en est un, Seigneur, inespeté sans doute.
Le Ciel sçait les desirs & les vœux qu'il me coute,
     ne les rendra point & vains & superflus.
Votre fils malheureux....

PIGMALION.
Mon fils ! je n'en ai plus.
NARBAL.
Il est vrai qu'une Reine implacable & barbare,
Proscrivit leurs jours ; mais....
PIGMALION.
Ta haine se déclare:
Tu veux perdre Astarbé.... J'entrevois vos raisons :
Sa vigilance a soin d'éclairer mes soupçons.
De vos obscurs desseins je perce le mystère ;
J'y porte le flambeau, mais en Juge sévére.
Astarbé vous déplaît, je l'oppose à vos coups,
Et je mets ce rempart entre mon Trône & vous.
Je sçais jusqu'où vos cris portent leur insolence ;
Vous demandez sa tête ! ô fureur ! ô vengeance !
Tremble, Peuple indocile & qui m'ose irriter !
C'est elle, pour punir, que je vais consulter.

SCENE VII.
NARBAL seul.

PAR quel accueil trompeur il sçavoit me séduire !
Sur son faux repentir ma bouche alloit tout dire.
Tout, jusqu'à ses remords, n'est en lui que fureur,

TRAGÉDIE. 37

Quel secret le barbare arrachoit à mon cœur !
Secret, qu'un malheureux confie à ma prudence.
Grands Dieux, ne trompez point ma plus chere espérance ;
Rendez à la Patrie un Prince vertueux :
Rendez-moi Bacazar... Hélas ! quels sont mes vœux ?
Au sein de ses remparts une femme cruelle...
Dans quel séjour de sang ma tendresse l'appelle !
O Ciel, n'écoute point mes desirs imprudens,
Et cache la vertu loin de l'œil des Tyrans.
Cher Prince, s'il est vrai que le Ciel favorable,
Ait étendu sur toi sa puissance équitable ;
Si tu vis, si j'en crois ces traits chers & connus,
Que ta main a tracés, & que mes yeux ont lûs ;
Fuis loin de ce Palais. Dans des climats sauvages,
Sans doute que tes jours sont purs & sans nuages.
L'humanité sensible adoucit tes malheurs.
Et qu'aurois-tu dans Tyr ? Mes soupirs & mes pleurs,
Tribut insuffisant qu'on paye à la misére.
Hélas ! tu n'aurois pas le cœur même d'un Pere.
Arsace ! que veut-il ?

SCENE VIII.
NARBAL, ARSACE.

ARSACE.

Leuxis est dans les fers.
Suis-moi, viens l'arracher au plus affreux revers.
A ma fidélité le Tyran la confie:
Mais enfin je crains tout, je tremble pour sa vie.
 Pigmalion à peine avoit quitté ces lieux,
Parcourant ce Palais, interdit, furieux,
Il menace, il frémit, il me voit & m'appelle:
» Réponds-moi, m'a-t'il dit, d'une Esclave infidéle;
» Qu'on arrête Leuxis; l'ingrate me trahit.
De ses cris effrayans la voute retentit.
L'implacable Astarbé, par ses cris attirée,
Terrible & menaçante, aussi-tôt s'est montrée.
Tout fuit à leur aspect, & frémissant d'horreur,
Moi-même, je les laisse en proye à leur fureur.

NARBAL.

Viens. N'opposons encor que des pleurs à leur rage;
Les prieres, les vœux sont les armes du sage;
Dans le malheur public il invoque les Dieux:
Il plaint ses Rois, les sert, & meurt encore pour eux.

Fin du second Acte.

ACTE III.

SCENE PREMIERE.
BACAZAR, NARBAL.
BACAZAR.

RUEL Narbal, cessez de retenir mes pas,
Mon Pere regne ici ; je vole dans ses bras.
N'opposez plus vos pleurs à mon impatience.
Vous frémissez ! Ne puis-je après dix ans d'absence,
Attendre, en ce Palais, un destin plus heureux ?
Les Dieux m'ont-ils trompé ?

NARBAL.
N'accusez point les Dieux.
Vous vivez, Bacazar, & moi-même j'admire
A travers quels écueils ils ont sçu vous conduire.
Prince, vous n'êtes plus sur ces bords étrangers,
Où vos jours couloient purs, à l'abri des dangers.

Dans ce séjour de sang la mort vous environne.
L'humanité s'y plaint, la nature y frissonne.
Venez, suivez mes pas au fond de mes deserts.

BACAZAR.

Qui, moi, languir encore au bout de l'univers!
Quels sont donc les périls que votre ame redoute?
Leuxis vit, & ces lieux me l'offriront sans doute.
Quand je retrouve un Pere, une Amante, un Ami,
Dois-je craindre les coups du destin ennemi?
Les larmes de Leuxis ont fléchi sa colere.
N'en doutez point, je vole....

NARBAL.

Arrêtez, téméraire!
Au sein de vos malheurs je vous ai méconnu;
Mais craignez les regards d'un œil plus prévenu.
Peut-être, à votre aspect, Astarbé détrompée
Connoîtra la victime à ses coups échappée.
Ne vous rassurez point sur un douteux oubli.
De surveillans cruels ce Palais est rempli:
J'ignore les projets de ces ames obscures;
Mais tantôt j'ai crû voir de leurs bouches impures
Sortir l'ordre du crime & des assassinats;
L'implacable Astarbé sembloit armer leurs bras:
De la barbare, enfin, la fureur est extrême.
Je tremble pour Leuxis, pour vous, pour le Roi même.

BACAZAR.

O Ciel ! il est donc vrai que ce monstre odieux
Respire, & souille encor le rang de mes ayeux ?
Astarbé ! Dieux vengeurs, quels sont donc les cou-
    pables,
Pour qui vous réservez vos foudres redoutables ?
   Narbal rappellez-vous ces jours infortunés,
Ces lamentables jours à la mort destinés,
Ces jours cruels, témoins du meurtre de mon frere;
Où moi-même, banni de la Cour de mon Pere,
De la tendre Leuxis recevant les adieux ;
Mourant, désespéré, j'abandonnai ces lieux.
Que de maux m'annonçoit un éxil si funeste !

NARBAL.

Et que tenta sur vous la main que je déteste ?

BACAZAR.

Nous partons. De Samos je découvre les bords.
Dévoré d'amertume, en proie à mes transports,
Mon cœur étoit toujours rempli de mon amante.
De mes vils assassins la rage frémissante,
S'annonce par un cri dans les airs élancé.
De l'impie Astarbé le nom fut prononcé.
Autour de la Victime on se presse en tumulte;
Sur le choix de ma mort on balance, on consulte :
Un reste de pitié détermine ce choix.
Leur fureur n'ose encor verser le sang des Rois.

Dans ce séjour de sang la mort vous environne.
L'humanité s'y plaint, la nature y frissonne.
Venez, suivez mes pas au fond de mes deserts.

BACAZAR.

Qui, moi, languir encore au bout de l'univers!
Quels sont donc les périls que votre ame redoute ?
Leuxis vit, & ces lieux me l'offriront sans doute.
Quand je retrouve un Pere, une Amante, un Ami,
Dois-je craindre les coups du destin ennemi ?
Les larmes de Leuxis ont fléchi sa colere.
N'en doutez point, je vole....

NARBAL.

Arrêtez, téméraire !
Au sein de vos malheurs je vous ai méconnu ;
Mais craignez les regards d'un œil plus prévenu.
Peut-être, à votre aspect, Astarbé détrompée
Connoîtra la victime à ses coups échappée.
Ne vous rassurez point sur un douteux oubli.
De surveillans cruels ce Palais est rempli :
J'ignore les projets de ces ames obscures ;
Mais tantôt j'ai crû voir de leurs bouches impures
Sortir l'ordre du crime & des assassinats ;
L'implacable Astarbé sembloit armer leurs bras :
De la barbare, enfin, la fureur est extrême.
Je tremble pour Leuxis, pour vous, pour le Roi même.

BACAZAR.

O'Ciel ! il est donc vrai que ce monstre odieux
Respire, & souille encor le rang de mes ayeux ?
Astarbé ! Dieux vengeurs, quels sont donc les cou-
    pables,
Pour qui vous réservez vos foudres redoutables ?
    Narbal rappellez-vous ces jours infortunés,
Ces lamentables jours à la mort destinés,
Ces jours cruels, témoins du meurtre de mon frere ;
Où moi-même, banni de la Cour de mon Pere,
De la tendre Leuxis recevant les adieux ;
Mourant, désespéré, j'abandonnai ces lieux.
Que de maux m'annonçoit un éxil si funeste !

NARBAL.

Et que tenta sur vous la main que je déteste ?

BACAZAR.

Nous partons. De Samos je découvre les bords.
Dévoré d'amertume, en proie à mes transports,
Mon cœur étoit toujours rempli de mon amante.
De mes vils assassins la rage frémissante,
S'annonce par un cri dans les airs élancé.
De l'impie Astarbé le nom fut prononcé.
Autour de la Victime on se presse en tumulte ;
Sur le choix de ma mort on balance, on consulte :
Un reste de pitié détermine ce choix.
Leur fureur n'ose encor verser le sang des Rois.

Ces lâches meurtriers, en détournant la vuë,
Me plongent, en tremblant, au sein de l'onde émuë.
Je roule au gré des flots, & je vois tour à tour
La profondeur des mers & la clarté du jour.
La mort environnoit ma fatale éxistence.

NARBAL.

Quel bras vous a sauvé ?

BACAZAR.

La céleste puissance
Sans doute prit alors pitié de mes malheurs.
La voix de la nature a droit sur tous les cœurs.
 J'apperçois tout à coup une barque flottante,
Où des humains m'offroient une main bienfaisante ;
Ils m'arrachent des flots : dans l'ombre de la nuit,
Sur les bords de Samos leur barque me conduit.
 Errant, traînant par tout le poids de ma misére,
J'arrosois de mes pleurs cette rive étrangere.
Mais pourquoi rappeller ce souvenir affreux ?
La honte, le mépris suivent les malheureux ;
Leur atteinte cruelle a flétri ma jeunesse ;
Enfin, j'ai tout souffert.

NARBAL.

Dieux ! Je vois la Princesse.
Ah ! cher Prince, fuyez.

SCENE II.

BACAZAR, NARBAL, LEUXIS *enchaînée*, ARSACE.

BACAZAR.

Où suis-je malheureux !
Que m'annoncent ces fers ? Leuxis esclave !... ô Dieux !

LEUXIS.

Arsace, soutiens-moi dans cet état funeste :
Guide mes pas tremblans vers l'appui qui me reste.
Ah, Narbal !

BACAZAR *troublé*.

Ah, Leuxis !... Ces fers me font horreur.

LEUXIS.

Quel est cet inconnu, sensible à mon malheur ?
Ses yeux, à mon aspect, se remplissent de larmes !
Pour les infortunés que les pleurs ont de charmes !
Mais dites-moi, Narbal : Quel est donc ce bonheur
Annoncé par vous-même, & promis à mon cœur ?
Et pourquoi ce mortel, indifférent peut-être,
Augmente-t-il l'espoir que vous avez fait naître ?

Bacazar se jette aux genoux de Leuxis.

Tu tombes à mes pieds, & ton œil enflâmé !....

BACAZAR.
Je suis....
LEUXIS.
N'acheve pas.... Va, mon cœur t'a nommé.
BACAZAR.
Ah ! ma chere Leuxis ! mon ame intimidée
Se refuse au bonheur dont tu me peins l'idée.
Ainsi donc tes malheurs ont égalé les miens ?
Leuxis, je veux briser tes indignes liens.
LEUXIS.
Ah ! qu'importe mes fers ? Va, ma joie est entiére ;
Cher Prince, dans tes bras il n'est rien qui l'altêre.
C'est par des pleurs de sang que j'ai pleuré ta mort :
La fureur des humains, les outrages du sort,
Les affronts, les mépris d'une Reine cruelle ;
Leuxis épuisa tout, dans sa douleur mortelle.
J'ai baissé dans l'opprobre un front humilié.
Tu vis, je te revois, & j'ai tout oublié.
BACAZAR.
Errant, & fugitif de rivage en rivage,
Mes malheurs n'avoient point ébranlé mon courage.
Je me croyois alors le seul infortuné.
Mais que dans ce Palais, à tes pieds ramené,
Loin d'y finir nos maux & nos communes peines,
Je doive encor me plaindre & pleurer sur tes chaînes ;
Ce dernier coup du sort accable ma vertu.
Que punit-on dans toi.

TRAGÉDIE.

LEUXIS.
Ma douleur.
BACAZAR.
Que dis-tu ?

Quel monstre assez barbare ? ....
LEUXIS.
Arrête : c'est ton pere.
BACAZAR.
Je vole à ses genoux désarmer sa colere.
LEUXIS.
Non, cher Prince, demeure.... Ah ! sçait-il pardonner ?
BACAZAR.
Il reverra son fils.
LEUXIS.
Il va l'assassiner !

Astarbé dans ses bras te poursuivroit encore.
Tu déchires, cruel, une ame qui t'adore.
Ah ! ne préferes point la nature à l'amour !
L'écouta-t-on jamais dans cette affreuse Cour ?
N'expose point des jours plus chers que mes jours
    même.
Cher Prince, ton bonheur fait mon bonheur suprême.
NARBAL.
Ah, Ciel ! Astarbé vient.
BACAZAR.
Son aspect odieux

Didon, depuis longtems arme les Afriquains ;
Si Carthage tentoit quelques nouveaux desseins,
Notre port vomira sur la mer allarmée
Une flotte inombrable, en ses flancs renfermée.
C'est ainsi qu'au dehors j'ai prévû les hasards.
Voyez ce que j'ai fait au sein de ses remparts.
 Au fidele Nador cette ville est livrée.
Maderbal de ces lieux doit deffendre l'entrée ;
Cléobule, observer vos ennemis secrets.
Enfin, tout vous répond d'un rapide succès.
Commandez à mon bras ; ces invincibles armes
Répandront dans ces murs les horreurs, les allarmes :
Et digne enfin du prix offert à ma valeur,
Je l'obtiendrai, Madame, à titre de vainqueur.

ASTARBÉ.

Oui, sans doute, la force est ici nécessaire.
Je connois, comme vous, l'indocile vulgaire ;
Il soutiendra les droits de son Maître égorgé ;
Il faudra le combattre après l'avoir vengé.
Dans ses divers transports qui pourroit le comprendre?
D'un Tiran, qui n'est plus, il révere la cendre.
On l'a vû conjurer, s'armer contre ses Rois :
Mais il court les vanger, il reconnoît leurs voix
Quand du fond de leur tombe & du sein des ténebres,
Ils ne lui parlent plus que par des cris funebres.
La pitié sur son cœur fait plus que le devoir.

TRAGÉDIE.

Mais, Zopire, à ce peuple enlevons tout espoir.
Le sang des Souverains peut m'être encor funeste ;
De ce sang odieux qu'on épuise le reste ;
Qu'on immole Leuxis.

ZOPIRE.

Le sort a ses retours,
Madame ; de Leuxis il faut sauver les jours.
On parle de Didon, des desseins de Carthage :
Que la Princesse ici vous tienne lieu d'otage.
Puisque vous la tenez captive en ce Palais,
Elle ne pourra nuire à vos vœux satisfaits.

ASTARBÉ.

Il est vrai ; je crains peu ses impuissantes larmes,
Que peut-elle tenter avec ces foibles armes ?
J'approuve ce conseil ; il faut la conserver.
Je crains peu l'ennemi que je puis observer.
Leuxis de mes succès, répondra sur sa tête.
Il suffit. Laissez-nous.

SCENE V.
ASTARBÉ, ORCAN.

ASTARBÉ.

La coupe est-elle prête ?
Et mes ordres en tout sont-ils éxécutés ?

ORCAN.

Dans de sombres détours vos Gardes apostés,
Au moment du triomphe immoleront Zopire.
Tous ont juré sa mort.

ASTARBÉ.

Oui, je dois le détruire.
Ce mortel politique, en servant mes desseins,
Veut rendre sa grandeur l'ouvrage de mes mains.
J'ai porté le flambeau dans son ame profonde.
Il aspire en secret au premier rang du monde.
Il veut regner : qu'il meure. Et nous, Orcan, & nous,
Allons sur le tiran porter les derniers coups.
L'heure attendue approche, elle m'appelle au crime.
La vengeance à l'autel va traîner ma victime.
Pigmalion, tremblant au fond de ce Palais,
Sous le marbre & l'airain se cache à ses sujets.
J'ai répété les noms de Leuxis, de Carthage :
A ces mots, il frémit. L'épouvante, la rage,

TRAGÉDIE.

Le désordre, l'horreur, des transports violens,
Ressentis par le lâche, & faits pour les Tirans ;
Il les éprouve tous. Au jour il se refuse :
Il invoque les Dieux, que bientôt il accuse.
Il m'appelle à grands cris. » Écoutez, m'a-t-il dit,
» Le Ciel veut se venger ; mon peuple me trahit.
» Votre cœur est-il pur & fidele à son Maître ?
» Dissipez un soupçon, trop injuste peut-être.
» Tantôt je veux qu'ici, par l'enfer & les cieux
» Par le fer de Thémis, par la coupe des Dieux,
» Par moi, par notre hymen, par la liqueur sacrée,
» Vous confirmiez la foi que vous m'avez jurée.
Orcan, voilà le but où mon art l'a conduit.
Il se livre à mes coups. Viens, suis-moi : le tems fuit.
Profitons des momens offerts à ma vengeance.
L'intrépide éxécute où le foible balance.

Fin du troisiéme Acte.

ACTE IV.

SCENE PREMIERE.
LEUXIS, ARSACE.

ARSACE.

H! Madame, cessez d'errer dans ce Palais,
Rendez à vos esprits & le calme & la paix.

LEUXIS.

Arsace, c'en est fait, le farouche Zopire
A consomé son crime & Bacazar expire.

ARSACE.

Le Prince est inconnu dans cet affreux séjour
Oublié dans ses fers, vil aux yeux de la Cour
En but au seul mépris, il respire peut-être.

LEUXIS.

Arsace, à ses vertus peut-on le méconnoître ?
Mais enfin, s'il vivoit ignoré dans ces murs
Croirai-je que caché sous des dehors obscurs,
Et sous le voile affreux de son humble misere,
Au fer des assassins il puisse se soustraire ?
Sa perte en est plus sure ainsi que mon malheur.
Des barbares humains je connois la fureur ;
Ils versent sans pitié, le sang d'un misérable.
Malheureux le mortel que l'on croit méprisable.
Des intrigues des Grands ressort infortuné,
L'homme vil qui leur nuit est bientôt condamné.

ARSACE.

Esperez tout encor ; un vieillard respectable
Oppose sa prudence au bras qui vous accable.
Soit qu'un Dieu le dérobe aux yeux de nos Tirans,
Soit qu'on méprise en lui la foiblesse des ans ;
Narbal est libre encor. Tranquile dans l'orage,
Et montrant à nos yeux la fermeté du sage,
Des fureurs de la Reine il observe le cours.
Il veille sur le Prince, il veille sur vos jours.
Sans doute un Dieu vengeur & l'éclaire & le guide.
Narbal peut arrêter le fer du parricide.
Narbal verra Zopire, il peut fléchir son cœur.

LEUXIS.

Ah ! connois-tu Zopire & toute sa fureur.

C iv

Un faux espoir t'abuse : où le crime est l'arbitre
La vertu ne peut rien & n'est plus qu'un vain titre.
Arsace, si j'en crois mes noirs pressentimens,
Ce jour, ce jour funeste est fait pour les Tirans.
Je leve, en frémissant, les voiles politiques,
Dont on couvre à nos yeux des projets tiranniques.
Pigmalion, tranquile au fond de ce Palais,
Dans les bras d'Astarbé goûte une affreuse paix.
Il semble en ces instants, que leur rage repose.
Repos cruel, Arsace, & dont je vois la cause.
On veut nous abuser par ce calme trompeur.
On prépare en secret le glaive destructeur.
Je vois tout, & bientôt les flambeaux funéraires
Eclaireront la nuit de ces sombres misteres.
Je ne sçais, mais enfin, je sens couler mes pleurs.
Les Dieux m'ont trop appris à prévoir mes malheurs.

SCENE II.

LEUXIS, ZOPIRE, ARSACE, GARDES.

ZOPIRE.

DE secrets importants je viens pour vous instruire.
Madame, permettez qu'Arsace se retire.

TRAGÉDIE.

Tantôt de l'inconnu vous plaigniez les destins,
L'imprudente Astarbé le confie à mes mains.
Je deffendrai ses jours, & je prétends encore
Vous sauver des périls que votre cœur ignore.
Votre perte est jurée, une femme en fureur,
De ses desseins sur vous, va poursuivre l'horreur.
Mais le crime s'aveugle & l'on peut le surprendre.
Au rang de vos ayeux, Princesse osez prétendre.
Dites un mot, parlez & soumis à vos loix,
Zopire vous éleve au Trône de nos Rois.

LEUXIS.

Ton maître vit encore & tu m'offres l'Empire

ZOPIRE.

On attente à ses jours & peut être il expire.

LEUXIS.

Pigmalion perit!

ZOPIRE.

    Peut être en ce moment,
Trompé par l'appareil d'un auguste serment
Dans la coupe fatale, à ses mains présentée,
Il boit l'affreuse mort, qu'il a trop méritée.
Sa parricide épouse....

LEUXIS.

     O crime! ô jour affreux!

ZOPIRE.

Punissons la perfide & regnons en ces lieux.

LEUXIS.

O ciel ! je ne vois point ces voutes ébranlées,
Aux dépens de mes jours, sur ta tête écroulées.
Perfide, voila donc les secours généreux
Que ta pitié cruelle offre à des malheureux.
Pour punir Astarbé, tu te rends son complice.
Tu permets, pour régner que ton maître périsse !
D'un œil indifferent tu le vois égorger !
Lâche, il faut le deffendre & non pas le venger.
Je connois tes desseins. Fuis loin de moi barbare.
Je ne t'écoute plus.

ZOPIRE.

    Quel trouble vous égare ?
Et pourquoi ces transports d'un aveugle couroux.
On immole un Tiran ; Madame, oubliez vous
Qu'il plongea le poignard au sein de votre frere ?

LEUXIS.

Mais, j'adorai son fils, il est mon Roi, mon Pere,
Et toi même, perfide, as tu donc oublié
Les augustes sermens dont ton cœur est lié ?
Ta rage vainement s'applaudit & se loue,
Elle me fait horreur & je la désavoue.
J'en atteste le Ciel ! ce ciel vengeur des Rois.
Dieux deffendez mon Maître, & soutenez ses droits.
Dieux, dérobez sa tête à la main meurtriere.
Imprimez sur son front un si beau caractere,

Si semblable à celui de la divinité,
Si grand, qu'il en impose à leur férocité.
ZOPIRE.
He bien, craignez l'effet de ma fureur extrême.
J'allois vous élever à la grandeur suprême.
Vos mépris orgueilleux m'annoncent un refus.
Ingratte, fremissez ! Je ne balance plus.
J'appuyerai les desseins d'une Reine barbare.
Mais quelque soit le sort que sa main vous prépare,
Sous quelque coup fatal que tombe l'inconnu,
Songez à lors, songez que vous l'aurez voulu.
La Couronne n'est point un bien que je dédaigne.
On me l'offre aujourd'hui, je l'accepte & je régne
Astarbé mieux que vous confirmera mes droits.
Qui punit les Tirans sçait faire aussi des Rois.
LEUXIS.
Consomme ta fureur, va lui porter ma tête.
ZOPIRE.
Gardes, veillez sur elle, & vous, tremblez.

SCENE III.

NARBAL, & *les Acteurs précedents.*

NARBAL.

Arrete.
Qu'ai-je entendu, cruel, ton Maître infortuné,
Périt au pied du Trône & meurt empoisonné !
De ce lâche attentat, Zopire est le complice !
Mais non, je te connois & je te rends justice.
Viens; craignons qu'Astarbé par de rapides coups.

LEUXIS.

Oui, Zopire, courons.

ZOPIRE.

Que me proposez-vous ?
Que je sauve un Barbare & que je rampe encore,
Sous le joug d'un Tiran que l'Univers abhorre !
Et quel seroit le prix d'un zéle infructueux.
L'esclavage !.. La Reine offre un Trône à mes vœux.
Je reçois d'elle un don que Leuxis me refuse.
Je la sers, je le dois.

NARBAL.

Mais, Astarbé t'abuse.
Toi même, penses-tu que le peuple soumis,

Te laisse sur un Trône où ses mains t'auront mis.
Que dis-je ? lâche époux de cette Reine impie,
Espere tu regner sur ta triste patrie ?
Elle regnera seule , ou bien dans ses soupçons,
Tu la verras encor préparer les poisons,
Caresser ta foiblesse & colorant son crime,
Dans ses embrassemens étouffer sa victime.
Quels cœurs plaindront alors tes destins rigoureux ?
Tu seras criminel autant que malheureux !
Mais, sçais-tu quels dégrés vont te conduire au Trône ?
Songe qu'un peuple entier le deffend, l'environne.
Avant d'y parvenir, il faut l'ensanglanter ;
Et c'est sur des tombeaux que tu dois y monter.
Si tu l'oses cruel ; plonge tes mains fumantes
Au sein de ces époux , de ces meres tremblantes
De ces foibles enfans, renversés dans leurs bras :
Non Zopire , ton cœur n'y consentira pas.
Tu respectes ton Maître & tu vas le deffendre.
Il en est tems encor. Déja je crois entendre
Un cris victorieux vers le Ciel élancé.
Je vois autour de toi , tout un peuple empressé,
Et l'épouse & l'époux, & le fils & le Pere.
Tous tes concitoyens , tes amis, Tyr entiere,
Je les entens vanter , consacrer ta valeur,
Te nommer leur soutien & leur libérateur.
Que la vertu, Zopire , est douce & consolante !

Elle parle à ton ame, incertaine & tremblante.
Sur l'espoir des grandeurs peux-tu la dédaigner ?
Qu'aurois-tu résolu ? repond moi.

ZOPIRE.
De régner.

NARBAL.

Implacable mortel, voila donc ta réponse !
Je vois tous les malheurs que ta rage m'annonce.
Mais dans les grands périls il faut tout hazarder.
Fais venir l'inconnu.

LEUXIS.
Qu'osez-vous demander ?

Cruel, vous le perdez.

NARBAL.
Il faut sauver son Pere.

ZOPIRE.

Quel est donc cet esclave, & que prétens-tu faire ?

NARBAL.

Qu'il paroisse, te dis-je, & soyons sans témoins.

LEUXIS.

Que produiront pour lui ces inutiles soins ?

ZOPIRE.

Vous prenez à son sort un intérêt bien tendre
Madame ! j'y consens, je veux ici l'entendre,
Qu'il vienne.

NARBAL.

Je verrai jusqu'où va ta fureur
Esclave ambitieux, farouche usurpateur,
Tu ne sçais pas encor quel sang il faut répandre.
Ton Maître assassiné, son Trône mis en cendre
Ses sujets malheureux, sous le glaive expirans
Quelque soient ces forfaits, il en est de plus grands.

SCENE V.

BACAZAR, & les précedens Acteurs.

NARBAL.

Paroissez Bacazar; toi, frappe si tu l'oses.
Voilà ton Souverain.

ZOPIRE.

Qui, lui ? tu m'en imposes.
La mort nous a ravi, l'heritier de nos Rois.

LEUXIS.

Ah cher Prince !

BACAZAR.

Leuxis ! est-ce vous que je vois ?
Ciel ! au fond de mon cœur quel effrayant murmure ?
Un cri de mort, s'y mêle aux cris de la nature !
Ah ! Narbal, expliquez ces noirs pressentimens !
Mon Pere....

NARBAL.
Il meurt peut être en ces affreux momens !
BACAZAR.
Il meurt ! & l'on permet, on souffre qu'il periffe !
NARBAL.
Son épouse l'immole & voilà son complice.
BACAZAR.
Ce barbare ! Ah ! cruels, trop cruels ennemis,
Sur sa cendre fumante assassinez son fils.
Périssent à la fois le Monarque & l'Empire.
Oui, reconnois moi, frappe infidele Zopire.
Ma vie est un tourment que je reproche aux Dieux.
LEUXIS.
Tu demandes la mort !
BACAZAR.
     Le jour m'est odieux.
Quelle foule de maux environnent mon être !
Je déteste à jamais le jour qui m'a vu naître.
Les Dieux même ont forcez mon cœur à les haïr.
Ils trahissent mon Pere, ils le laissent périr.
Leur privilége est vain s'il ne vengent le nôtre.
Dieux, la cause des Rois n'est-elle plus la votre ?
Si vous souffrez en paix, les crimes des mortels.
Si le trône est détruit, tremblez pour vos autels.
LEUXIS.
Zopire !

TRAGÉDIE.

BACAZAR.
Ciel que vois-je ? à ses pieds ! vous, Princesse ?
LEUXIS.
Je tremble pour tes jours, pardonne à ma tendresse.
Et toi, puisque ton cœur vainement combattu,
A son ambition fait ceder sa vertu,
Regne, mais en montant à la grandeur suprême,
N'abuse point d'un rang usurpé sur nous-même ;
Et n'appesantis point sur cet infortuné,
Le sceptre de nos Rois, à ses mains destiné.
Qu'il vive ! Que crains-tu ? Maitre de cet Empire,
Qu'importe à ton bonheur que mon amant respire ?
L'univers l'abandonne. Enfin, si dans ces lieux,
Le fils des Souverains épouvante tes yeux,
Ne peut-il loin de toi jouir de la lumiere ?
Voudrois-tu lui ravir jusqu'au jour qui l'éclaire ?
Il est, de tous les biens que tu lui veux ôter,
Le seul qu'aux malheureux on n'ose disputer.
ZOPIRE.
Je vais donner mon ordre.... Allez.
LEUXIS.
      O ciel ! Je tremble !
BACAZAR.
Chere Leuxis, du moins nous périrons ensemble.

SCENE V.
NARBAL, ZOPIRE.

NARBAL.

JE ne te quitte point. Où vont-ils ? Tu te tais !
Ton front est obscurci ; tes regards sont distraits !
Ces deux infortunez marchent-ils au suplice ?
Il faut sur tes desseins que ta voix m'éclaircisse.
Vas-tu perdre Astarbé ? Vas-tu sauver ton Roi ?
Es-tu juste ou coupable ? Enfin répond.

ZOPIRE.
          Suis moi.

Fin du quatriéme Acte.

ACTE V.

SCENE PREMIERE.

LEUXIS *amenée par des Gardes.*

ANDIS que l'on poursuit le cours des attentats,
Zopire veut qu'ici l'on retienne mes pas !
Zopire ! ô desespoir ô mortelles allarmes :
Sans doute le barbare, insensible à mes larmes,
De ses Maîtres trahis abandonnant les droits,
De l'impie Astarbé suit encore les loix.
Si des pleurs de Leuxis son ame étoit touchée,
Des bras de son Amant l'auroit-il arrachée ?
Non, je n'espere plus. Et, pour comble d'horreur,
On me fuit, on me livre à toute ma douleur.
   Arsace ne vient point. Le cruel m'abandonne !
Mais je le vois… ô Ciel ! il soupire, il frissonne !

SCENE II.
LEUXIS, ARSACE.
LEUXIS.

Que viens-tu m'annoncer ?

ARSACE.
Le plus grand des malheurs,

LEUXIS.
J'ai perdu Bacazar ! c'en est fait. Je me meurs !

ARSACE.
Il vit ; mais malheureux de survivre à son Pere.
Pigmalion n'est plus !

LEUXIS.
Un monstre sanguinaire
A donc vû réussir ses complots détestés ?
Et le lâche Zopire....

ARSACE.
Ah ! Madame, arrêtez.
Zopire, à la vertu rapellé par vos larmes,
Au parti de ses Rois a consacré ses armes.
Mais éclairé trop tard, & trop long-tems séduit,
De son lent repentir il a perdu le fruit.
Zopire, de son Roi n'a pû sauver la vie ;
L'indomptable poison l'avoit déja ravie.

TRAGÉDIE.

 Quel spectacle effrayant s'est offert à mes yeux !
Trahi par ses sujets, abandonné des Dieux,
J'ai vû Pigmalion roulant sur la poussiére,
Soutenant avec peine un reste de lumiere :
Dans cet état où l'homme, au moment de périr,
Joint le tourment de vivre à l'horreur de mourir.
Astarbé, près de lui, jouissant de son crime,
D'un regard satisfait parcouroit sa victime,
Et du breuvage affreux précipitant l'effort,
Avec des cris de rage elle appelloit la mort.
Du front de son Epoux je l'ai vue elle-même
Arrâcher d'une main le sacré Diadême,
Et de l'autre tenir le Vase empoisonné,
A des meurtres nouveaux sans doute destiné.
 Enfin, cedant au feu dont l'ardeur le dévore,
Le Roi meurt, Astarbé le contemploit encore ;
Quand Zopire, suivi de ses amis troublés,
Au milieu du tumulte avec peine assemblés,
Vers son Maître immolé, vole & se précipite.
Des obstacles offerts vainement il s'irrite.
Le péril étoit sûr, & que peut la valeur
Contre la force unie à l'aveugle fureur ?
Moi-même, abandonné d'une garde infidéle,
Je n'ai pû prévenir cette Reine cruelle :
» Un Peuple d'assassins, de farouches Soldats,
» D'une enceinte de fer environnoit ses pas.
» Grands Dieux ! les criminels ont-ils tant de pruden-
 ce ?

„ Sur les murs du Palais la barbare s'élance ;
„ L'épouvante & l'horreur sembloient la dévancer.
Contente de son crime elle ose l'annoncer.
Alors, vous eussiez vû tout le Peuple en allarmes,
Fondre sur ce Palais, courir, voler aux armes.
L'étendart de la mort flotte au pied de ces murs.
Mais sortant tout à coup, par des détours obscurs,
Des Soldats furieux, animés au carnage,
Précédés du tumulte, & suivis du ravage,
Sur ce Peuple éperdu fondent de toutes parts.
Le sang des Citoyens inonde ces remparts.

  Madame, c'est alors qu'informé que Zopire
Dans ces lieux retirés vous avoit fait conduire,
J'ai revolé vers vous, plein de trouble & d'effroi,
Pour veiller sur des jours confiés à ma foi.
Tel est l'ordre sacré, que le Prince lui-même....

LEUXIS.

Hélas ! quel soin l'occupe en ce péril extrême !
A-t'il cru que mes jours me seroient précieux,
Quand les siens menacés me font craindre pour eux ?
Quand son Pere n'est plus, qu'espere-t'il encore ?
Quels seroient ses desseins ? Réponds.

ARSACE.
       Je les ignore.
Anéanti du coup dont son Pere est frappé,
Dans un morne silence, il reste enveloppé ;

Et s'il sort quelquefois du trouble de son ame,
Parmi de longs sanglots, il vous nomme, Madame.
 Mais, Narbal & Zopire, (ou mes yeux sont trom-
   pés,)
D'un projet important paroissoient occupés :
Sans doute ils méditoient le salut de l'Empire.
On ignore en ces lieux les desseins de Zopire :
La Reine croit toujours qu'à sa suite entraîné,
Qu'au char de sa fortune, en Esclave enchaîné,
Foible, & s'abandonnant à son puissant génie,
Zopire, sur ses pas, marche à la tyrannie.
Mais, Madame, il paroît.

SCENE III.

LEUXIS, ZOPIRE, ARSACE.

ZOPIRE.

AH ! Princesse, tremblez !

LEUXIS.

Que dites-vous, ô Ciel !

ZOPIRE.

Nos malheurs sont comblés !

A l'amour de mes Rois mon ame ramenée
N'aspiroit qu'à sauver leur vie infortunée :
Cet espoir me flattoit, les Dieux me l'ont ravi.
 De mes Soldats, du Prince & de Narbal suivi,
J'allois aux Tyriens faire enfin reconnoître
L'Héritier de l'Empire, & le Sang de leur Maître.
Le Peuple sous ses murs, combattoit pour ses Rois.
Au nom des Dieux vengeurs j'éléve enfin ma voix ;
Je nomme Bacazar, & plein de confiance,
Du fils des Souverains j'annonce la présence.
Mais, soit, que prévenu, qu'indigné contre moi,
Le Tyrien séduit, ait soupçonné ma foi,
Ou soit que dans le choc des débris & des armes,
Ma voix fut étouffée au sein de tant d'allarmes ;
Le Peuple furieux s'est élancé sur nous.
En vain nous résistons à l'effort de ses coups.
Jugez du trouble affreux de mon ame éperdue,
Le Prince enveloppé disparoit à ma vue.
 Accusant à la fois & les Dieux & le sort,
Au travers des poignards je cours chercher la mort.
Mais de nos vains amis le déplorable reste,
Malgré moi me ramene en ce palais funeste.

ARSACE.

Peut-être que le Prince à la mort échappé....

ZOPIRE.

Je le croyois Arsace, & je me suis trompé.

          Oui,

Oui, ce jour n'est marqué que par des parricides;
Autant qu'ils sont cruels nos malheurs sont rapides.
On nomme Astarbé Reine, & le Peuple empressé
Court au devant du joug dont il est menacé.
Au pied de ces remparts tout a changé de face:
La paix succéde au trouble, & la crainte à l'audace.
Fuyons; tout autre espoir nous devient superflus.
Puisqu'on trahit les Rois, le Prince ne vit plus.

LEUXIS.

Que dites-vous? Moi, fuir de ce Palais funeste!
Si Bacazar n'est plus, quel azile me reste?
Il n'en est plus pour moi. Dans l'horreur de mon sort,
Je n'attens rien des Dieux, je ne veux que la mort.

ZOPIRE.

» Vivez, ne souffrez pas qu'Astarbé sur le Trône
» Avilisse en ses mains le Sceptre & la Couronne.

Aux genoux de Leuxis.

» Au nom de vos Ayeux, qu'elle a deshonorés;
» Au nom de votre Amant, par ses mânes sacrés;
Vivez, jettez sur vous un coup d'œil plus tranquille;
Sauvez de tant de Rois l'héritiére & la fille.
L'implacable Astarbé va rentrer dans ces lieux;
Fuyons, & prévenons ce monstre furieux.
C'est elle! Sort cruel.

D

SCENE IV.

ASTARBÉ, LEUXIS, ZOPIRE, ARSACE, *Gardes*.

ASTARBÉ *aux Gardes*.

Arretez ce Perfide.
à Leuxis.
Entre nous aujourd'hui la fortune décide,
Orgueilleuse Princesse, & tes lâches mépris
Dans le sein de la mort vont recevoir leur prix.
Ta faction gémit sous mes mains triomphantes :
J'ai vû fuir devant moi ces Légions tremblantes
D'indociles Sujets, d'esclaves mutinés ;
Mon triomphe est écrit sur leurs fronts prosternés.
Pour me jurer la foi, que j'ai droit d'en attendre,
Les Chefs des Tyriens doivent ici se rendre.
Tremblez ! à mes succès mesurez vos revers.
Mon Trône est préparé ; vos tombeaux sont ouverts.

LEUXIS.

A d'injurieux cris pourquoi borner ta rage ?
On n'anéantit point la vertu qu'on outrage.
Frappe : de tous les coups que ton bras m'a portés,
Ceux que j'attens encor sont les moins redoutés.

ASTARBÉ.

Eh bien, Perfide, eh bien, il faut te satisfaire.
C'est assez balancer les traits de ma colere.
Gardes, obéissez : qu'au sortir de ces lieux,
De leur vue importune on délivre mes yeux.

ZOPIRE.

Barbare ! Connois donc les remords de Zopire.
Ta politique habile avoit sçu me séduire :
Mais mon cœur, indigné de tes lâches forfaits,
A bientôt détesté jusques à tes bienfaits.
 Le mortel, que tantôt tu n'as pû reconnoître,
Couronné par mes mains, auroit été ton Maître :
La Princesse, rendue au rang de ses Ayeux,
Auroit fini le cours de ton regne odieux.
Mais l'aveugle destin autrement en ordonne.
Nos Rois sont dans la tombe, & tu montes au Trône.
Je vais subir leur sort, & je suis trop heureux,
Puisqu'enfin, malgré toi, je mourrai vertueux.

ASTARBÉ.

Aux Gardes.
Obéissez, sortez.... Mais le Peuple s'avance.

D ij

SCENE V.

BACAZAR, LEUXIS, ASTARBÉ, NARBAL, ZOPIRE, ARSACE, Troupe de Tyriens, Gardes.

Le fond du Théâtre doit paroître rempli d'un gros de Tyriens, qui, en se développant laisse voir Bacazar : il s'avance vers les Gardes qui emmenent la Princesse & Zopire.

BACAZAR, *aux Gardes.*

Perfides, arrêtez !

LEUXIS.

O céleste puissance !
Ah ! cher Prince, est-ce vous ?

BACAZAR.

Reconnoissons les Dieux...

ASTARBÉ.

L'Inconnu !.... Sort cruel !

BACAZAR.

à Astarbé   *à Zopire & à Arsace.*
Tremble !...   Soyez heureux.

ZOPIRE.

O mon Prince !

TRAGEDIE.

ARSACE.

O mon Roi ?

ASTARBÉ.

Cet Esclave, leur Maître !

au Peuple.

Deffendez votre Reine, & punissez ce Traître.

NARBAL.

Reconnois Bacazar, à tes coups échappé.

ASTARBÉ.

O destin !... De quels traits mon œil est-il frappé ?
Sur les mers de Samos le sort m'a-t'il trahie ?

LEUXIS.

C'est lui, n'en doute point, trop barbare ennemie ;
C'est l'héritier des Rois par le Ciel éprouvé ;
Au Peuple, à mon amour, par le Ciel conservé.

BACAZAR.

Deux fois j'ai vû ta rage à me perdre occupée ;
Le Ciel est équitable, & deux fois t'a trompée :
Ce Peuple par Narbal, sur mon sort éclairé,
A tourné contre toi son bras désespéré ;
Il vouloit de ces lieux renverser les barriéres :
Je l'avouerai, j'ai craint tes fureurs meurtriéres ;
Je n'ai pû, sans frémir, entrevoir des succès,
Qu'il falloit acheter du sang de mes Sujets.
J'ai tremblé pour Leuxis, en tes fers retenue ;
Mais enfin, j'ai vaincu sans t'avoir combattue.

Je t'ai fait annoncer la Victoire & la Paix :
Tu viens de nous ouvrir les portes du Palais.
Vers cet écueil caché les Dieux t'ont entraînée ;
Et c'est pour t'immoler que l'on t'a couronnée.
Tu frémis... Le remord succéde à ta fureur !

ASTARBÉ.

Tu te trompes. La rage est seule dans mon cœur.
L'Univers m'abandonne en ce péril extrême :
Mais va, qui ne craint rien se suffit à soi-même.
J'ai sçu donner la mort, & je sçaurai mourir.

BACAZAR.

Qu'on l'immole, Soldats.

ASTARBÉ, *se poignardant*.

Je vais te prévenir.

BACAZAR.

" Sortons.

ASTARBÉ.

" Pourquoi me fuir ? Craindrois-tu ma présence ?
" Lâche, tu ne sçais pas jouir de ta vengeance.
" J'ai vu mourir ton Pere, & mon œil à loisir
" D'un spectacle si doux a goûté le plaisir :
" Imite des fureurs, dont j'ai donné l'exemple.
" Un Ennemi mourant vaut bien qu'on le contemple.
" Mon aspect desormais peut-il t'inquiéter ?
" Oui, tremble ; en expirant je vais t'épouvanter.
Ne crois pas que ma perte assure ta puissance :

TRAGÉDIE.

L'abîme est à tes pieds, creusé par la vengeance.
Je laisse au tour de toi mille Ennemis secrets,
Cruels, dissimulés, & pleins de mes projets :
Au Trône des Tyrans tu montes sur ma cendre ;
Va, j'espére qu'un jour, ils t'en feront descendre.
Mais, c'en est fait... Je meurs !... Qu'on m'ôte de ces
    lieux.
« J'ai bravé les Mortels ; est-il encor des Dieux ?
On l'emmene.

SCENE VI & *derniere*.

BACAZAR, LEUXIS, NARBAL, ZOPIRE, ARSACE.

BACAZAR, *au Peuple*.

Amis, & Citoyens, vous l'avez entendue.
Je n'en crois point les cris de sa fureur émue.
Mon Pere par vos coups n'est point mort égorgé ;
Vous couronnez son Fils, & vous l'avez vengé.
A soupçonner vos cœurs rien ne peut me contraindre.
Je regne. J'aime mieux vous aimer que vous craindre.
  Leuxis, ce jour de pleurs n'est point fait pour nos
    feux.

La nature gémit, quand l'amour est heureux.
Plaignons l'ombre d'un Pere, & donnons à sa cendre
Des honneurs, des devoirs, qu'il est affreux de rendre.
Allons, & puissions-nous, dans le sein de la paix,
Oublier d'Astarbé le regne & les forfaits.

Fin du cinquiéme & dernier Acte.

J'AI lû par ordre de Monseigneur le Chancelier, *Astarbé, Tragédie*, & je crois que l'on peut en permettre l'impression. A Paris, ce 1 Avril 1758.
CREBILLON

De l'Imprimerie de BALLARD, Imprimeur du Roi pour la Musique.

www.ingramcontent.com/pod-product-compliance
Lightning Source LLC
LaVergne TN
LVHW052109090426
835512LV00035B/1451